COMMENT SURMONTER SA TRISTESSE ?

ROBERT ZUILI

Mon carnet bien-être

COMMENT SURMONTER SA TRISTESSE ?

MANGO

POURQUOI CETTE ÉMOTION ? 7

LA TRISTESSE ET SON ENVIRONNEMENT ÉMOTIONNEL 15

LA TRISTESSE ET NOUS 33

COMMENT FONCTIONNE LA TRISTESSE ? 57

LA TRISTESSE EN SITUATIONS 69

Au travail 72
En famille ou en amour 80
En famille 82
En amour 88
En amitié 94

S'ENTRAÎNER 101

À L'ÉPREUVE DE LA TRISTESSE 109

CONCLUSION 117

POURQUOI CETTE ÉMOTION ?

QUI NE S'EST JAMAIS SENTI ATTRISTÉ ?

La tristesse est une des quatre **émotions** primaires et est de toutes les émotions négatives probablement la plus difficile à vivre. Elle nous imprègne au plus profond de nous, étend son voile opaque sur les plus belles choses du monde et les rend insipides ! Elle détruit, lorsqu'elle perdure, toute envie... Il y a la déception d'échouer, celle qui nous impose de recommencer quand on en a l'énergie ; il y a la culpabilité, celle de se reprocher de ne pas en avoir fait assez auprès de celui qui vient de partir... ; il y a la dévalorisation de soi, celle qui nous rappelle notre incapacité à entreprendre des choses audacieuses ; il y a la honte, celle qui nous pousse à taire nos inavouables pensées ou souvenirs... Voici quelques-uns des **sentiments** qui cohabitent avec la tristesse.

Il y a aussi toutes les **sensations** que la tristesse nous fait connaître, au plan physique, c'est la douleur du manque, l'asthénie qui rend palpable le vide qui nous entoure, l'épuisement qu'aucun effort inhabituel viendrait légitimer…

Et puis il y a ces **états émotionnels** que la tristesse génère : la déprime passagère qui nous décourage ponctuellement de se lancer dans des activités nouvelles ; l'abattement qui nous donne tout juste envie de tout laisser tomber ; la prostration qui nous fait décliner quelque invitation que ce soit et la dépression qui nous enferme à l'intérieur de soi, dans une sorte de déconstruction du rapport au plaisir…

Chacun de ces ressentis découle de cette émotion nommée la tristesse. La vie nous apporte son lot de brèves ou lourdes tristesses, et parfois il suffit d'un mot ou d'un événement anodin pour nous faire basculer de l'autre côté de la joie ! Il y a parfois dans la tristesse cette idée d'une forme d'inéluctabilité. Le fatalisme s'impose et dirige notre vie d'une force… d'inaction irrépressible. Il peut devenir difficile de se lever, de faire des projets, de se projeter dans un futur pas seulement agréable, mais juste envisageable… Cela peut même nous conduire à envisager le pire, celui du sentiment d'inutilité qui peut nous laisser penser le caractère superflu de notre existence ! Ressentir de la tristesse, c'est parfois aussi l'occasion simple de réaliser ce que la vie a de précieux. Comprendre la valeur de ce ou ceux qui nous entourent, c'est accepter l'idée de leur qualité éphémère…

Comment interagissez-vous avec ces moments de tristesse ?

Les laissez-vous engloutir vos derniers espoirs ?

....

....

....

....

....

....

....

....

....

Ou considérez-vous que toute réaction serait inutile ?

....

....

....

....

....

....

....

....

Et dans l'après-coup d'un événement sombre ?

Restez-vous enfermé dans votre coin ?

....

....

....

....

....

....

....

....

....

Ou cherchez-vous à faire comprendre à qui le voudra bien que le monde est malsain ?

....

....

....

....

....

....

....

Et si aucune tristesse ne pouvait s'exprimer ?

Pourriez-vous considérer que votre combat est perdu ?

....

....

....

....

....

....

....

Ou conservez-vous l'infime espoir que les choses pourraient encore changer favorablement…

....

....

....

....

....

....

C'est l'idée de cet ouvrage, vous permettre de prendre une juste distance vis-à-vis de la tristesse, sans tomber dans le déni ni l'exaltation et (re)construire un lien heureux au monde !

NOTES PERSONNELLES

NOTES PERSONNELLES

LA TRISTESSE ET SON ENVIRONNEMENT ÉMOTIONNEL

Sommes-nous pleinement en possession de nos ressources émotionnelles ?

Exploitons-nous vraiment cette énergie, cette force qui peut aussi bien nous transcender face à une injustice insupportable que nous tétaniser face à une angoisse terrible ?

Et s'il était possible de garder notre calme en toutes circonstances, même énervé ou affecté, d'exprimer sereinement notre point de vue pour parvenir ainsi à mieux convaincre nos interlocuteurs, à mieux faire passer nos messages et nos idées ?
Et si nous étions capable de ne pas nous laisser envahir par le stress, de savoir dire les mots justes et de préserver notre bien-être ? Et si le mal-être n'était pas une fatalité ?
Et si notre intelligence seule ne suffisait pas pour parvenir à atteindre tous ces objectifs, quelle serait la solution ?

Faire de nos émotions nos alliées

Ce n'est malheureusement pas quelque chose que nous savons faire naturellement. Irritation face aux actes inutilement répétés, agacement face aux contretemps, déception à cause d'un revers, énervement suite à des propos vexants… Chaque jour nous confronte à des émotions déplaisantes et rien ni personne ne nous a vraiment préparés à leur faire face ! Seul avec nous-même, nous apprenons tant bien que mal à nous débrouiller avec nos peurs et nos tristesses.

Vos parents vous ont-ils expliqué alors que vous étiez jeune enfant pourquoi vous ressentiez de la tristesse envers votre frère ou votre sœur qui vous privait de votre jouet favori en le cassant ?

Votre instituteur ou institutrice à l'école primaire vous a-t-il/elle appris ce qui se passait en vous lorsque vous n'aviez qu'une envie, celle de brutaliser votre camarade de classe pour vous venger ?

Vos grands-parents vous ont-ils permis de comprendre pourquoi vous en vouliez à votre père ou votre mère de ne pas s'intéresser à vous autant que vous le désiriez ?

Votre professeur d'université vous a-t-il aidé à comprendre pourquoi à chaque examen votre pouls s'accélérait, vos idées devenaient soudainement confuses et que vous aviez l'impression de ne plus rien savoir ?

Avez-vous discuté avec votre patron et vous a-t-il aidé à prendre du recul et à interpréter ce que vous ressentiez alors que votre collègue venait de dire du mal de vous dans votre dos ?

Probablement pas, ou rarement, d'où une incompréhension persistante du fonctionnement de vos émotions. Cet ouvrage a pour objectif d'y remédier en vous aidant à :

- mesurer le rôle et l'importance de la tristesse dans votre quotidien ;
- nommer et comprendre vos tristesses et leurs manifestations ;
- éprouver votre capacité à mieux maîtriser vos tristesses au travers de mises en situations.

Il n'y a rien de magique dans cette capacité que vous pourrez développer à être plus à l'aise avec votre tristesse. Cette approche peut vous permettre, en quelques semaines d'entraînement et de pratique, à mieux connaître le fonctionnement de vos émotions et à améliorer les réponses émotionnelles dont vous avez besoin pour développer votre aptitude au bonheur.

Vous vous sentez trop souvent démuni face à la moindre difficulté ?

Vous vous dites que montrer à votre entourage vos coups de déprime pourrait commencer à les user ?

Vous vous considérez incapable de suivre des conseils vous permettant de réduire votre humeur sombre ?

Vous pensez qu'en lisant cet ouvrage vous pourriez perdre de votre spontanéité et de votre sincérité, et que finalement ça ne peut être que superficiel comme approche ?

Alors acceptez de jouer le jeu et de découvrir le territoire des émotions. En quelques leçons, vous dompterez votre tristesse… et deviendrez pleinement acteur de votre bonheur et de celui de vos proches.

Comprendre les émotions fondamentales

Elles sont au nombre de quatre :

- la tristesse ;
- la peur ;
- la colère ;
- la joie.

Chacune d'elles est autonome dans son fonctionnement, même si l'une peut en alimenter une autre : une colère forte nous fait soudainement peur… ou une peur subie nous rend triste.

LA HIÉRARCHIE ÉMOTIONNELLE

Trois de ces émotions sont dites « négatives » au sens où elles génèrent des ressentis désagréables. En effet, même si l'expression d'une émotion peut engendrer du soulagement, la peur, la colère et la tristesse sont, à l'origine, porteuses d'une tension négative. Cependant, certains pourraient penser que la tristesse est positive ; elle nous permet de rester en retrait, d'observer, de comprendre. Or, il ne faut pas confondre ce que les émotions nous font intimement ressentir et les conséquences qu'elles sont susceptibles d'entraîner, lesquelles peuvent être positives, voire agréables. Par exemple, avoir un chagrin peut certes témoigner de notre attachement à un objet de valeur qui a été égaré, mais le ressenti en lui-même est bel et bien négatif !

Ces trois émotions produisent à minima de l'inconfort qui, souvent, lorsqu'il perdure ou se développe, se transforme en souffrance. Ce mot, « souffrance », peut dans certains cas paraître exagéré, mais il ne l'est pas ! Une personne profondément triste est en souffrance et la douleur qui l'étreint est loin d'être négligeable (perdre un animal de compagnie qui nous est cher, par exemple, est parfois une véritable souffrance).

Le ratio de trois émotions négatives (peur/colère/tristesse) « contre » une émotion positive (la joie) peut sembler déséquilibré, mais il existe une forme de hiérarchie émotionnelle qui explique ce ratio : joie et tristesse sont les deux aboutissements possibles d'un parcours semé d'embûches qui peut passer par la colère et la peur, des émotions résolues dans un cas, mais pas dans l'autre (voir schéma ci-contre)…

EXEMPLE

Vous êtes en colère après votre collègue ! Il vient de prononcer tout haut devant des tiers ce que vous veniez de lui confier ! L'intensité de votre peine sera à la hauteur de la confiance qu'inspire votre lien.
À l'inverse, vous serez satisfait, content et heureux si votre collègue sait préserver ces paroles personnelles confiées !

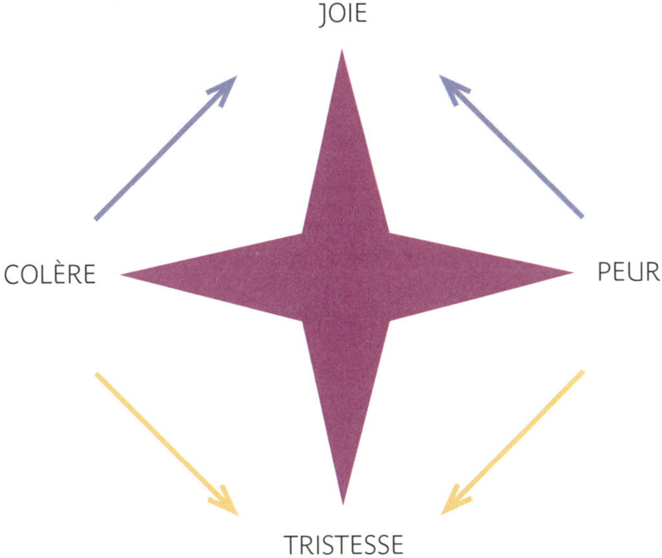
JOIE
COLÈRE
PEUR
TRISTESSE

LA MORALE DE LA JOIE

La joie constitue donc une réalisation positive. Elle ne se produit pas par hasard, elle est le fruit d'un investissement important, parfois même d'efforts considérables pour tenter de réussir quelque chose qui nous tient à cœur : un concours qui se déroule à l'issue de longs mois de révisions, un rendez-vous amoureux obtenu grâce à une cour assidue, un nouveau travail après une longue série d'entretiens repoussant à chaque étape le verdict final... Le résultat obtenu, fruit de véritables efforts, procure alors une grande joie que nous apprécions de partager avec nos proches.

MAIS QU'AVONS-NOUS DÛ TRAVERSER POUR Y ARRIVER ?

Des obstacles qui nous ont fait craindre le pire, des imprévus qui nous ont inquiétés... Au cœur de ces ressentis, la peur a joué son œuvre, nous faisant d'ailleurs réaliser à quel point l'enjeu est d'importance et l'objectif courtisé. Parfois, ce sont des situations arbitraires qui ont décalé la date d'un entretien de recrutement à un instant incompatible avec notre agenda, une grève qui nous fait arriver en retard à l'examen ou un(e) autre élu(e) qui est venu(e) briser nos espoirs de remporter le cœur de notre ami(e)... Et là, il ne s'agit plus de peur, mais de tristesse !

C'est ce que nous pouvons nommer la « morale de la joie » : celle-ci se désire, se conquiert, parfois de haute lutte, et ce n'est que parce que nous avons traversé de sérieuses peurs et d'indicibles tristesses que nous exultons de joie. Une victoire remportée sans combat ne génère pas les vibrations ni les exaltations d'une joie attractive parce que difficilement accessible.

Il peut cependant nous arriver de nous laisser tenter par des joies facilement accessibles. C'est cette mécanique émotionnelle qui nous incite, par exemple, à boire un peu pour nous sentir bien ou à jouer pour défier le sort. Puis, petit à petit, il nous faut augmenter la dose d'alcool ou jouer de plus en plus souvent pour obtenir les mêmes effets. C'est le principe de l'addiction, une course effrénée vers toujours plus de sensations… Malheureusement, souvent, cela à un prix, que l'on nomme la déprime. En réalité, la joie doit être une conséquence et non une finalité.

La joie est donc le fruit d'une colère et/ou d'une peur dépassée et régulée. Vous pouvez faire l'expérience rétroactive de vos grandes joies : elles ont eu d'autant plus de saveur lorsque vous avez vaincu des obstacles sources de peurs et/ou de colères.

La tristesse est, elle, le fruit malheureux de nos efforts contrariés. Et son intensité sera d'autant plus forte que l'investissement pour réussir aura été intense.

Elle nous fait donc éprouver l'expérience de l'échec ou celle de la perte : perte d'un être aimé, renoncement à un rêve inaccessible ou à un espoir envolé.

Accepter nos ressentis et ceux des autres

Toute émotion provoque un ressenti. Ce ressenti peut revêtir différents « uniformes émotionnels » :

- UNE SENSATION : chaleur, douleur, douceur…
- UN SENTIMENT : amour, frustration, inquiétude, injustice, honte…
- UN RESSENTIMENT, SENTIMENT NÉGATIF ET DOULOUREUX : haine, vengeance, jalousie…
- UN ÉTAT : stress, nervosité, mal-être, bien-être…

Bien souvent, nous ne savons pas vraiment différencier ces « uniformes ». Il vous suffit de demander à quelqu'un dans votre entourage de nommer un sentiment, un état, une sensation ou un ressentiment pour le constater. Or, ces « uniformes émotionnels » ont un rôle spécifique dans notre façon d'exploiter nos ressources émotionnelles. Ils apportent une coloration particulière à notre perception.

AINSI VOUS, LECTEUR À LA DÉCOUVERTE DE CES LIGNES, POUVEZ RESSENTIR :

- DE L'ENNUI : vous regrettez déjà l'achat de cet ouvrage.
- DE L'IMPATIENCE : vous souhaitez lire directement ce qui vous correspond.
- DE L'AGACEMENT : car l'agitation qui règne autour de vous vous déconcentre.
- DU PLAISIR : car ce que vous lisez vous « parle ».

Mais lequel d'entre vous a raison... Et lequel a tort ? Si tous ces ressentis coexistent, il doit bien y en avoir un qui a davantage raison que les autres ?
C'est là une des caractéristiques fondamentales du ressenti : il est incontestable pour celui qui l'émet. Ce n'est ni bien ni mal en soi : c'est ainsi !

EXEMPLE

Vous êtes avec des amis à la sortie d'une séance de cinéma. Vous prenez un verre pour débriefer sur le film et l'impression laissée aux uns comme aux autres. Vous êtes surpris des écarts de perception. L'un considère que le sujet est trop actuel et que c'est trop facile d'exploiter ce thème, un deuxième au contraire pense que le sujet est traité de manière astucieuse mais pas très bien joué, un troisième y voit une critique sociale en décalage avec les enjeux modernes, et vous-même ne vous retrouvez dans aucun de ces ressentis.

Apparemment, vous n'avez pas la même vision de la réalité ! En fait, lorsque nos ressentis sont contestés par autrui, la tendance est à considérer que l'autre a tort parce que nous percevons la réalité à travers le filtre de nos ressentis.

Est-ce à dire qu'il y aurait autant de réalités que de perceptions, autant de ressentis que d'individus ? Dans l'absolu, cette affirmation peut se défendre. Dans les faits, l'objectivation d'un ressenti en une réalité survient dès lors que se dégage une forme de consensus à propos de la perception.

EXEMPLE

Il y a un avis assez répandu sur nos hivers actuels en France, dont le caractère rigoureux des décennies précédentes aurait fortement diminué…

Vous pourriez citer plusieurs exemples donnant raison à ce point de vue : des températures moyennes plus élevées que la normale, un nombre de journées sans gel qui bat des records dans certaines grandes villes, une absence totale de neige en plaine, des déficits de neige en moyenne montagne…

A contrario, vous pourriez entendre des propos qui étayent l'hypothèse d'un réchauffement climatique très hypothétique : des gaz à effet de serre en réduction pour la première fois depuis longtemps, des périodes de douceur hivernale déjà rencontrées dans l'histoire, un risque de vague de froid qui pourrait inverser la tendance à tout

moment, une prise en compte de ces faits sur une période trop faible à l'échelle des variations climatiques...
La lecture que nous faisons des faits sert bien souvent à donner raison à notre ressenti, et cela de façon à l'ériger en vérité.

Dans une moindre mesure, chacun de nos ressentis se fonde sur une émotion associée, laquelle va générer une perception affectée, donc une réalité relative.

Reprenons l'exemple sur nos hivers rigoureux en voie de disparition. Là où la première impression relève de temps anciens révolus, comme dans une sorte de nostalgie laissant sous-entendre qu'avec le progrès les choses ne peuvent que se dégrader, l'autre relève d'un enjeu de minimisation de scénarios « catastrophiques » potentiels. Et si chacun privilégie son ressenti, renonçant à comprendre l'autre ou à établir un terrain d'échanges, chacun pourrait être tenté de considérer l'autre comme rétrograde...

Les prémices des conflits ultérieurs naissent dans la contestation et le non-respect des ressentis des uns et des autres. Il ne s'agit pas de penser ou de dire que l'autre a tort de ne pas ressentir la même chose. La « morale des ressentis » nous enseigne qu'accueillir le ressenti de l'autre n'est pas pour autant un renoncement de ses propres perceptions ou convictions, mais c'est donner une chance à la relation et à l'échange de perdurer en faisant l'effort de comprendre le point de vue de l'autre, surtout s'il est différent...

Bien sûr, tout ceci est facile à écrire, mais tellement complexe à mettre en œuvre ! Pour y parvenir, le projet des chapitres suivants est d'appréhender le registre émotionnel sans forcément se dire que l'émotion appartient au registre de l'irrationnel ou de l'empirique.

Raison et émotion peuvent parfaitement faire bon ménage et une approche logique de ce registre est parfaitement conciliable et de nature à renforcer notre lucidité et doser notre sensibilité.

Coachez votre tristesse en vous posant les bonnes questions

Avez-vous déjà été attentif à ce que vous ressentez ?

....

....

....

....

....

....

....

....

....

Partagez-vous vos ressentis et vos émotions avec votre entourage, savez-vous reconnaître et nommer ce que vous ressentez ?

....

....

....

....

....

....

....

NOTES PERSONNELLES

NOTES PERSONNELLES

LA TRISTESSE ET NOUS

Qu'est-ce qui provoque la tristesse ?

Une émotion difficile à gérer

La tristesse est, sans aucun doute, la plus difficile de toutes les émotions à gérer.

Elle donne bien souvent le sentiment qu'il n'y a plus d'issue, que les choses n'en valent plus la peine, qu'il ne sert plus à rien de lutter.

Elle se traduit alors par une forme de résignation, voire de renoncement. En effet, nous avons beau avoir entendu depuis notre enfance qu'il est de notre devoir de sortir renforcé de nos échecs, ce n'est pas si évident lorsque douleurs et souffrances s'accumulent, nous incitant à capituler ou ne nous permettant plus de trouver l'énergie nécessaire pour affronter les obstacles de la vie.

C'est alors qu'il est important d'être entouré, de pouvoir s'appuyer sur des personnes de confiance qui sauront nous aider, en toute simplicité, à ne pas nous laisser envahir par la déprime et à retrouver un peu d'espoir. Mais si nos proches ne savent plus comment nous aider, il ne faut pas hésiter à se tourner vers un professionnel.

Comment et pourquoi cette tristesse nous envahit-elle, à tel point qu'un jour nos forces nous quittent et qu'il devient difficile de se lever, de faire des projets – en un mot, de vivre ?

Le résultat d'émotions non régulées

Il faut savoir que la tristesse n'est ni inéluctable ni le fruit du hasard. En effet, si nous détaillons les moments de tristesse vécus, nous pouvons constater qu'il existe une sorte de hiérarchie émotionnelle qui conditionne un enchaînement émotionnel particulier. Toute tristesse est en fait la conséquence d'autres émotions dont le vécu n'a pas débouché sur une régulation émotionnelle.

Ainsi, à l'issue d'une année scolaire intense, la préparation de l'épreuve du baccalauréat provoque quelques craintes chez un lycéen : peur du trou de mémoire, d'être trop stressé, de problèmes dans les transports… Ces impondérables peuvent réduire les efforts d'une année de travail à néant car, si la peur prend le dessus, il peut perdre ses moyens et tout rater. Il sera alors légitiment attristé, déçu par son échec.

En résumé, une peur non résolue peut nous conduire à l'échec, qui engendrera de la tristesse. Cette tristesse sera proportionnelle aux efforts consentis pour tenter de réussir.

En revanche, si cette peur est régulée et que les efforts de toute une année de travail sont récompensés par la réussite, la joie occupera alors le premier plan. Une peur régulée se concrétisera donc par de la joie !

Ce sont les mêmes règles avec la colère. Une colère non régulée se traduira par de la tristesse, alors que, si elle est régulée, vous ressentirez la joie d'avoir su dépasser les obstacles qui auraient pu constituer un préjudice.

EXEMPLE

Prenons l'exemple de votre activité professionnelle. Cette année, votre investissement a été régulier et, même si ce n'est pas avec l'intention systématique d'obtenir de la reconnaissance, vous pourriez considérer légitime d'avoir, au-delà des éventuels remerciements, l'espoir d'une revalorisation salariale ou une prime exceptionnelle. Vous évoquez le sujet à qui de droit et la réponse en suspens vous laisse espérer une issue favorable.

En fin d'année, la réponse définitive tombe comme un cinglant désaveu, et vous ne pouvez pas vous empêcher de trouver la situation injuste. Parfois, les explications proposées ne font qu'amplifier le préjudice subi : « C'est la crise, j'aurais bien voulu mais ça vient d'en haut... » Cette colère, non régulée à cause de l'absence de réparation, finira par colorer votre humeur, abattue, et vous pourriez même vous en vouloir d'avoir été aussi crédule.

POUR RÉCAPITULER...

Peur → Réassurance → Succès ou émotion régulée → Joie

Colère → Réparation → Réussite

Peur → Risque confirmé → Échec ou émotion non régulée → Tristesse

Colère → Préjudice subi → Dommage

Partant de cette hiérarchie émotionnelle, on peut dire que si vous comprenez et parvenez à appliquer dans votre vie de tous les jours les principes de régulation de la peur et de la colère, vous n'aurez même pas besoin de lire ce livre sur la tristesse…

Mais cela est plus facile à écrire qu'à faire… Et parfois, malgré tous les efforts produits pour mieux vivre avec nos émotions, certaines ne sont pas suffisamment régulées. C'est alors que nous avons besoin de comprendre et d'apprivoiser notre tristesse.

Quel est votre rapport à la tristesse ?

La tristesse vous est-elle une émotion familière ? Comment gérez-vous les situations parfois difficiles qui ne nous épargnent pas ? Êtes-vous plutôt d'une nature hyper sensible ou, à l'inverse, solide comme un roc ?

NOTE À PROPOS DU QUIZ

Entourez la réponse qui vous vient en premier à l'esprit, soyez spontané.

Ensuite, dans le tableau de cotation, entourez la lettre correspondant à votre réponse (une par ligne). Une fois le tableau complété, faites le total des réponses par colonne et reportez-vous aux résultats du quiz.

Peu importe que vous ayez déjà rencontré ces situations ou que vous puissiez les rencontrer, imaginez comment vous réagiriez et répondez selon votre idée, même si vous n'êtes pas forcément certain de votre choix.

Tentez d'être pleinement sincère. Si vous faites ce quiz, c'est pour vous, pour affiner éventuellement la connaissance de votre fonctionnement émotionnel et non pour prouver à quiconque, vous inclus, que vous êtes parfait.

Le principe du quiz n'a pas pour vocation de démontrer que ce que vous faites, dites ou êtes est bien ou mal. Une émotion s'exprime sous la forme d'un ressenti qui est intrinsèquement incontestable : il peut être juste ou erroné en soi, mais pour celui qui le ressent, c'est SA réalité.

Un quiz n'est pas là pour donner une appréciation de votre valeur, mais il est la visualisation d'un mode d'expression de vos émotions.

Quelle place la tristesse prend-elle dans votre vie ?

1. Le magnifique stylo que votre conjoint vous a offert est égaré !

a. Vous vous dites que vous êtes incapable de faire vraiment attention.

b. Vous êtes affecté et en parlez à votre conjoint.

c. Vous vous repassez les derniers événements pour comprendre ce qui s'est passé.

d. Ça peut arriver à tout le monde de perdre quelque chose.

e. Vous avez besoin d'y penser seul dans votre coin.

2. Votre meilleur ami vous raconte que son conjoint vient de le quitter.

a. Vous lui demandez en quoi il y est pour quelque chose.

b. Un de perdu, dix de retrouvés !

c. Vous craignez qu'il s'enferme pour passer cette épreuve.

d. Vous lui dites qu'il peut compter sur votre présence.

e. Vous craignez qu'il se dise que ça lui pendait au nez.

3. À votre réveil, vous retrouvez votre animal de compagnie mort.

a. Vous vous dites que vous ne savez pas vous occuper des animaux.
b. Vous prenez du temps et avez besoin de vous recueillir seul.
c. Et si vous aviez pu faire quelque chose pour que ça n'arrive pas ?
d. Vous relativisez en vous disant que ce n'est qu'un animal.
e. Vous témoignez de votre peine à vos proches.

4. Votre équipe favorite perd en finale d'une grande compétition.

a. Ils vous ont déçu et vous ne reviendrez pas les soutenir de sitôt !
b. Vous ne pouvez pas vous empêcher d'imaginer que vous n'auriez pas dû regarder le match.
c. C'est la loi du sport. Il faut savoir accepter la défaite !
d. Cette équipe est, au fond, très décevante de perdre si près de la consécration.
e. Vous refaites le match en pensant aux occasions manquées. Quel dommage !

5. Votre conjoint vous annonce, très affecté, qu'il vient de perdre son emploi.

a. Vous lui dites qu'il n'y a rien de pire que de s'enfermer dans ses pensées, son échec et de ressasser.

b. Vous craignez qu'il se trouve nul, sinon pourquoi aurait-il été licencié ?

c. Du travail, il y en a toujours ! Il faut savoir positiver.

d. Vous lui dites qu'il a de la valeur et que vous comprenez sa déception.

e. Pour vous, le plus important, c'est de bien comprendre les raisons d'un échec.

6. Votre enfant de sept ans vous pose des questions sur la mort.

a. Vous considérez que ce n'est pas le moment de parler de ça. Il a bien le temps avant de devoir y penser.

b. Vous pensez utile de rester un long moment avec lui en parlant de tout et de rien.

c. Les mots vous manquent et vous vous sentez démuni face à cette question.

d. Vous lui demandez la raison de cette question et lui dites que c'est normal d'y penser.

e. Vous vous dites que vous ne saurez pas en parler et en même temps, vous ne pouvez pas ne rien dire.

7. Vous pensez tout à coup à votre propre mort...

a. Vous ne vous sentez pas très malin d'y penser.

b. C'est horrible et un soudain sentiment de solitude vous étreint.

c. Vous êtes partagé entre le sentiment que c'est naturel d'y penser et celui que c'est inutile, car vous ne pouvez rien y faire.

d. La mort, c'est le début d'une nouvelle étape.

e. Vous ressentez une vive émotion et réalisez votre chance d'être bien vivant.

8. Votre très jeune enfant pleure... Impossible de remettre la main sur son doudou !

a. Vous lui expliquez que ce n'est rien. Il y a des choses bien plus graves.

b. Vous lui dites que sa peine est normale, qu'elle va passer et que vous irez ensemble racheter un doudou.

c. Vous êtes très contrarié de ne pas avoir emporté de doudou de rechange.

d. Vous passez du temps avec votre enfant et restez proche de lui tant qu'il a de la peine.

e. Si vous aviez fait plus attention, vous n'en seriez pas là.

PROFIL QUESTION	I	II	III	IV	V
1	b	c	a	e	d
2	d	a	e	c	b
3	e	c	a	b	d
4	e	b	d	a	c
5	d	e	b	a	c
6	d	e	c	b	a
7	e	c	a	b	d
8	b	e	c	d	a
Reportez dans chaque colonne le total correspondant à vos réponses					

Résultats du quiz

Reportez-vous au total de la colonne le plus important et retrouvez votre profil dominant ci-dessous. Si vous avez plusieurs profils « à égalité » ou peu d'écart entre les profils et si des scores faibles sont rattachés à chacun des profils, c'est que vous êtes capable de varier d'intensité dans vos réponses de dépit ou de tristesse. Cela témoigne d'une sensibilité à l'injustice certaine, mais aussi d'une suffisante richesse émotionnelle dans vos réponses comportementales pour préserver votre solidité émotionnelle.

PROFIL I : VOUS ÊTES « CONNECTÉ » À VOS ÉMOTIONS

Vous exprimez facilement ce que vous ressentez, ce qui peut parfois mettre mal à l'aise celles ou ceux qui le sont moins que vous dans l'expression de leurs ressentis.

Vous acceptez d'être touché par des situations porteuses d'émotions et vous considérez que s'émouvoir est naturel. En même temps, vous savez préserver votre lucidité et ne pas être affecté de façon durable ni excessive. Vous êtes réaliste, vous ne cherchez pas à minimiser ni à dramatiser ce qui peut se produire.

En revanche, il peut vous arriver de ne pas laisser prise au doute, ce qui peut, certes, vous conférer un côté assuré, mais aussi parfois peu enclin à la remise en question. Veillez à ce que vos convictions ne se muent pas en certitudes.

L'expression de vos émotions fait partie intégrante de votre mode de vie.

Si l'émotion est un lion et vous le dompteur, vous avez largement réussi à le dompter, il est devenu un véritable compagnon fidèle.

PROFIL II : VOUS ÊTES D'UN NATUREL EXIGEANT

Soucieux de comprendre, vous avez la volonté d'être souvent irréprochable. Vous avez donc une tendance à la remise en cause spontanée, à la recherche d'améliorations permanentes et ne voulez pas regretter ce qui est ou aurait pu être.

Il vous est difficile d'être véritablement satisfait de vos actes ou paroles. Dans les bons jours, vous en faites un atout qui nourrit votre sens de la qualité ; dans les mauvais, vous avez tendance à ressasser et à vous remettre en cause plus que nécessaire.

Si l'émotion est un lion et vous le dompteur, vous avez laissé votre lion en liberté, mais il ne sait pas toujours écouter ce que vous lui dites.

PROFIL III : VOUS ÊTES RECONNU POUR VOTRE GRANDE SENSIBILITÉ

Celle-ci vous incite à juger constamment les autres et vous-même. Vous avez du mal à vous aimer véritablement et à donner votre confiance, ce qui vous rend trop exigeant envers vous ou agressif, le reproche facile, à l'égard des autres.

Vous ne supportez pas l'échec et doutez de votre faculté à réussir. Les encouragements ou les compliments que vous recevez ne vous paraissent pas toujours sincères et, au fond, vous doutez de la capacité des autres à vous apprécier.

Un entourage apaisant peut vous aider à faire de cette tendance naturelle à la culpabilisation un atout pour produire le meilleur de vous-même.

Si l'émotion est un lion et vous le dompteur, vous n'osez pas trop vous approcher du lion que vous craignez.

PROFIL IV : IL Y A INCONTESTABLEMENT CHEZ VOUS UN CÔTÉ SECRET

Vous appréciez la solitude que vous considérez comme un espace pour vous ressourcer et un moyen de vous cacher. Les personnes trop extraverties vous dérangent car, à vos yeux, elles ne semblent pas avoir d'intimité, et la frontière de la vôtre se trouve très facilement franchie.

Vous faites en sorte de vous préserver en gardant vos distances et en vous montrant très sélectif dans le choix de vos fréquentations. Pour mériter votre confiance, il faut posséder un subtil talent de conciliateur.

Vous vous protégez de votre fragilité en vous protégeant des autres. Essayez d'accorder plus facilement votre confiance et osez être déçu, vous verrez que votre entourage peut également être riche de belles personnes.

Si l'émotion est un lion et vous le dompteur, vous croyez avoir perdu votre lion alors qu'il est toujours dans vos jambes et qu'il vous fait trébucher.

PROFIL V : POSITIVISTE À OUTRANCE

Les personnes qui se laissent aller, qui s'apitoient, se plaignent et pleurent, vous irritent. Vous êtes le positivisme et l'allant personnifiés. Vous pensez que certains passent un peu trop de temps à s'écouter !

À la recherche permanente du progrès, vous considérez utile d'agir plutôt que de regarder en arrière. Votre enthousiasme est la négation, aux yeux de certains, de toute la finesse et la douleur du monde ; d'autres pourraient confondre votre posture avec de l'indifférence et de l'insensibilité. En fait, vous êtes parfait pour regonfler le moral des troupes, mais vous avez du mal à prendre le temps d'écouter les peines de vos proches.

Il y a en vous une énergie faite pour aller de l'avant et refuser toute difficulté à l'avance.

Si l'émotion est un lion et vous le dompteur, vous avez mis le lion dans une cage bien cadenassée et un drap jeté dessus vous fait oublier les morsures de la vie.

Coachez votre tristesse en vous posant les bonnes questions !

Vous reconnaissez-vous dans ces profils ? Si c'est non, faites-les lire à votre entourage et recueillez leurs commentaires éventuels.

Quels sont les points de force que vous reconnaissez et savez-vous les exploiter au mieux ?

Sur les points qui pourraient vous paraître utile de faire évoluer, comment pourriez-vous faire pour changer ou que ne faites-vous pas pour surtout ne pas changer ?

....

....

....

....

....

....

....

Avez-vous le sentiment de ne jamais être triste et que faites-vous face aux situations qui affectent les autres mais pas vous ? Vous oppose-t-on que vous n'avez pas de cœur ou qu'on ne sait pas comment vous faites pour rester insensible ?

....

....

....

....

....

....

....

Considérez-vous normal vos éventuels moments de déprime et qu'en pense votre entourage ? Votre tristesse peut-elle inquiéter votre entourage ?

Pourriez-vous avoir tendance à vous sacrifier pour les autres et à laisser penser que vous ne méritez pas qu'on s'intéresse à vous ? Quels bénéfices en retirez-vous ?

Le fatalisme et la résignation peuvent-ils vous ressembler ? Si oui, savez-vous écouter ce que les autres peuvent voir de positif ?

....

....

....

....

....

....

....

Avez-vous le sentiment d'avoir besoin d'encouragements pour avancer et que certains de vos choix sont influencés par celui qui a parlé en dernier ? Demandez à ceux qui vous entourent de parler de ce qu'ils aiment en vous !

....

....

....

....

....

....

....

NOTES PERSONNELLES

NOTES PERSONNELLES

COMMENT FONCTIONNE LA TRISTESSE ?

NOTRE HISTOIRE EST JALONNÉE DE MOMENTS TRISTES DONT NOUS NOUS PASSERIONS VOLONTIERS.

D'autres tristesses nous sont infligées dans le cadre des relations que nous construisons avec nos parents, nos amis, notre famille, nos collègues, nos voisins, etc.

Des déceptions profondes peuvent en découler et notre capacité à faire face à de nouvelles déconvenues est étroitement liée à notre capacité à nous en défaire au mieux.

Plus les régulations auront été nombreuses, plus nous aurons la conviction de savoir dépasser nos désillusions actuelles ou à venir. C'est ce qui construit notre aptitude au bien-être et au bonheur.

La tristesse n'est donc pas une fatalité, même si le sentiment que les choses peuvent s'améliorer s'évapore peu à peu lors de périodes où les événements s'enchaînent de façon malheureuse. Nous sentons alors le découragement gagner, et si cet état dure et s'amplifie, le renoncement à la vie peut devenir une option envisageable. D'où l'importance de savoir lancer des appels à l'aide ou de prendre le temps de prêter attention à des signaux de détresse parfois faibles, chez soi-même ou chez les autres.

Les faits suivants peuvent constituer une alerte à prendre en compte, d'autant plus s'ils donnent lieu à un changement de comportement inattendu et prolongé :

- refuser des invitations ;
- perdre du poids ou en prendre exagérément ;
- ne plus prendre soin de son apparence ;
- avoir tendance à se dévaloriser en permanence ;
- s'isoler de plus en plus fréquemment ;
- s'excuser « pour un oui ou pour un non » ;
- ne plus varier ses occupations ;
- se sacrifier en arguant que les autres le méritent ;
- ne plus chercher à convaincre ;
- s'étonner de l'intérêt que peuvent nous porter les autres et toujours répondre que tout va bien ;
- proposer de l'aide et s'entendre dire que ça ne servirait à rien.

Si en lisant ces quelques lignes, l'image d'une personne s'est imposée à vous, il y a sans doute quelque chose à faire pour mobiliser son entourage et lui venir en aide, en s'adressant notamment à des professionnels capables de proposer un soutien adapté.

Au même titre que la colère et la peur, la tristesse a son propre circuit émotionnel. Même si nous savons qu'en régulant nos peurs et nos colères nous pouvions contribuer à réduire nos tristesses potentielles, certaines situations nous plongent dans cette tristesse parfois inévitable.

L'interrupteur émotionnel ou la cause

La tristesse est systématiquement consécutive à une situation vécue ou ressentie qui nous confronte à ce que nous appelons la perte. Le deuil est la perte la plus douloureuse, mais il en existe beaucoup d'autres, réelles ou symboliques, qui nous affectent plus ou moins selon la valeur que nous leur attribuons.

Pour l'enfant, perdre son doudou est un drame. Pour l'adolescent, se faire voler son scooter provoque la colère, puis le dépit car il sait qu'il ne le retrouvera pas. Pour un adulte, perdre l'estime d'un collègue qu'il voit peu a un impact bien moindre. Un supporter qui voit l'équipe nationale échouer en finale en sera plus ou moins affecté en fonction de son degré d'attachement à ce sport.

Le fusible émotionnel ou le sentiment

LA CULPABILITÉ

La perte nous confronte à une situation qui peut nous donner envie de réécrire l'histoire, pour essayer de la rendre acceptable ou supportable. C'est souvent le moyen de reconsidérer sa part, fantasmée ou réelle, de responsabilité dans l'événement survenu.

Prenons le cas extrême du deuil d'une personne proche. Il est courant de se sentir en partie « responsable » et de se reprocher son manque de présence auprès d'elle, l'absence de dialogue sincère, de ne pas avoir su se rendre disponible, lui dire « je t'aime »,... tout ce qui peut nous faire, après-coup, percevoir nos comportements comme inadéquats aux conséquences.

Cette culpabilité, même éphémère, est banale. Ne pas la ressentir témoigne certes d'une faculté à se protéger, mais peut aussi nous conduire à nier la réalité, dans une posture de déni.

LA HONTE

À un degré supérieur, s'ajoute à la culpabilité un sentiment de honte, dont la force est plus ou moins grande en fonction de l'intensité de la culpabilité ressentie.

Imaginez-vous échouer à une épreuve sportive censée être aisée pour vous, face à un public informé de votre talent potentiel. Votre sentiment de honte sera d'autant plus important que vous vous sentirez coupable d'avoir sous-estimé la difficulté.

LA DÉVALORISATION DE SOI

Arrivé à ce stade, on ne se sent plus capable d'être à la hauteur. La tentation de capituler est forte et on trouve de bonnes raisons de renoncer ou de se sacrifier, souvent en réalité pour se prémunir d'un échec. C'est dans ces moments-là qu'on s'entend dire « je n'y peux rien », « c'est au-dessus de mes forces », « je n'y arriverai jamais », « c'est comme ça, voilà, c'est tout... »

LA VICTIMISATION

C'est le dernier rempart contre le sentiment insupportable de se considérer définitivement « sans valeur » à ses propres yeux comme à ceux des autres. Les commentaires comme : « de toute façon c'est toujours comme ça que ça se termine », « il faut toujours que ça se retourne contre moi »... témoignent de ce sentiment qu'on est pris au piège et que rien ne peut nous en délivrer.

Il faut commencer à s'inquiéter lorsque ce sentiment devient durable, répétitif et invalidant au quotidien. Il ne faut alors pas hésiter à solliciter l'aide de son entourage. Il est important, dans ces circonstances, de s'entourer de personnes attentives et aptes à détecter cette souffrance, qui peut donner dans certains cas des envies d'en finir avec la vie.

Les mécanismes de soulagement ou pseudo-régulation

Avec ces mécanismes, nous tentons de nous préserver de toute déception avérée ou potentielle, en évitant d'entretenir des rapports de proximité avec les autres.

L'INHIBITION

La personne inhibée se sent complexée, n'ose pas entreprendre, et des mots ou des actes aisés pour d'autres paraissent ici très compliqués : parler à un inconnu, demander quelque chose dans la rue, exprimer sa gêne, regarder l'autre dans les yeux...

Autant ces symptômes sont fréquents à l'adolescence, autant à l'âge adulte, s'ils sont installés, ils témoignent d'une difficulté à appréhender le lien comme une source potentielle de bienfaits.

LE REPLI SUR SOI

En cas de repli sur soi, il devient compliqué de sortir, d'affronter la « foule » – même s'il n'y a que quelques personnes... Des activités valorisant la réflexion, l'isolement, peuvent être surinvesties pour le confort qu'elles représentent. Ces personnes disent ne pas être disponibles pour éviter tout contact.

L'AGRESSIVITÉ

La culpabilité ressentie se retourne contre les autres, qui sont alors jugés responsables de ce qui arrive. Toutes les occasions sont bonnes de critiquer, de voir le verre à moitié vide, d'imaginer le pire… le monde extérieur, considéré comme menaçant, légitimant un monde intérieur bouleversé.

LE RETRAIT SOCIAL

La tentation est avérée de priver le monde de sa présence, comme s'il était prouvé que notre absence ne constituait aucun préjudice ou manque à quiconque. La difficulté à ce stade est que tout lien social a été désinvesti. La personne vit dans la solitude et se dit qu'elle mérite son isolement, ce constat suffisant à persévérer dans le retrait social. Peu ou mal entourée, une personne vivant ce genre d'expérience peut aller jusqu'à se laisser dépérir.

La résolution émotionnelle ou régulation

La tristesse bénéficie elle aussi d'une voie de régulation qui peut nous aider à sortir de l'impasse. Mais à l'inverse de la colère ou de la peur, qui nous permettent d'aller rechercher des ressources inexploitées en nous, la tristesse évolue sur un terrain déjà appauvri en énergie... Si une « petite » tristesse ou déception passagère n'altère pas nos ressources, une tristesse installée est dure à combattre seul.

La ressource, sous forme d'un mécanisme de consolation, se trouve à l'extérieur de soi... chez l'autre ! Il est donc absolument nécessaire, soit de solliciter l'aide de quelqu'un, soit d'accepter l'aide proposée, même si la tâche est rendue difficile par une estime de soi altérée qui nous souffle : « À quoi sert d'accepter de l'aide, je ne le vaux pas ! »

La consolation réside dans cette aptitude à se prouver à soi et à l'autre que tant qu'il y a de la vie, il y a de l'espoir et qu'une issue existe bel et bien, à condition d'accepter de se laisser aider.

POUR RÉCAPITULER...

Le circuit émotionnel de la tristesse se présente donc comme suit :

Cause : perte ou préjudice

→ Sentiment : culpabilité / honte / dévalorisation de soi / victimisation

→ Pseudo-régulation : inhibition / repli sur soi / agressivité / retrait social

→ Régulation émotionnelle : consolation par le réel / le symbolique / l'imaginaire

NOTES PERSONNELLES

NOTES PERSONNELLES

LA TRISTESSE EN SITUATIONS

Comprendre certaines de vos tristesses et les dépasser avec des conseils pratiques

La tristesse apparaît dans notre quotidien au détour de circonstances parfois prévisibles, parfois inattendues. Nous allons explorer différentes situations types dans lesquelles la tension émotionnelle dominante peut être la tristesse. Pour chacune d'elles, nous identifierons les circuits émotionnels dominants et les différentes manières de pseudo-réguler et/ou de réguler la tension émotionnelle concernée.

L'enjeu est ici de pouvoir transposer certains comportements que vous pourriez adopter sur une grille de lecture et ensuite d'imaginer les différentes postures à adopter. Dans des scénarios professionnels, familiaux et amicaux, vous allez ainsi observer comment la tristesse alimente vos postures relationnelles et la façon avec laquelle vous interagissez. Vous pourrez ainsi soit vous rendre compte qu'il n'y a rien à changer, soit comprendre comment faire pour que les choses ne s'altèrent pas et évoluent favorablement.

COMMENT EXPLOITER UNE GRILLE DE LECTURE ?

Il faut la lire comme une illustration possible de ce que vous pourriez ressentir dans la situation décrite.

Commencez par le paragraphe « cause » et pointez celles qui vous concerneraient dans la situation donnée, de la plus hypothétique à la plus probable.

Passez au paragraphe « sentiment » et repérez le sentiment qui vous correspond. En général, il y a peu de doutes : nous savons intimement ce que nous ressentons. L'intensité de ce ressenti vous permettra de savoir s'il s'agit bien d'une injustice. Efforcez-vous de nommer précisément ce que ce sentiment vous fait ressentir.

Ensuite, dans le paragraphe « pseudo-régulation », vérifiez si vous avez mobilisé une posture de soulagement ou pas, si oui, laquelle ?

Enfin, essayez de passer du soulagement à la « régulation ». Quelle voie choisiriez-vous ? Le réel, le symbolique, l'imaginaire, plusieurs voies en même temps ? Tentez d'identifier cette ou ces voie(s) et lancez-vous !

Tant que vous ne considérerez pas que cette voie est envisageable, vous aurez toujours de bonnes raisons de penser que la résolution est illusoire, compliquée, voire impossible !

De manière générale, vous pouvez exploiter cette grille de lecture pour des événements passés afin de mieux les comprendre et de déterminer si la réponse fournie alors

peut être considérée comme optimale. Vous pouvez également l'utiliser pour une situation que vous êtes en train de vivre ou à venir.
Chaque grille ci-dessous n'est pas forcément exhaustive. Lisez-les en tant qu'exemples potentiels, comme si c'était vous qui, face à cette situation, aviez rempli la grille en fonction de vos propres réponses.

AU TRAVAIL

Vous avez raté votre présentation et il est trop tard pour rattraper vos erreurs...

Cause

Préjudice

- Vous vous remettez en cause personnellement et votre estime personnelle est altérée.
- Vous perdez totalement confiance en vous.

↓

Sentiment

Culpabilité

- Vous culpabilisez d'avoir cru en vos capacités.

Honte

- Vous avez honte d'avoir produit un résultat si décevant.

Dévalorisation de soi

- Vous vous sentez complètement dépassé et paniquez.

↓

Pseudo-régulation

Inhibition

- Vous êtes tenté de rester en retrait, en attendant d'être sollicité.

Repli sur soi

- Vous vous enfermez dans votre bureau et évitez tout contact superflu.

Retrait social

- Vous exprimez auprès de votre entourage votre honte et à quel point vous détestez cette situation autant que ses responsables.

↓

Régulation émotionnelle

Consolation par le réel

- Vous osez affronter le regard des autres. Vous vous engagez à parvenir à de nouveaux résultats et demandez de l'aide pour cela.
- Vous vous faites aider par des professionnels de l'accompagnement thérapeutique.

Consolation par le symbolique

- Vous demandez à votre entourage des solutions pour développer votre confiance en vous.

AU TRAVAIL

Votre manager, bienveillant dans son style, vous convoque à un entretien et vous fait part de son mécontentement !

Cause

Perte

- Vous vous dites que son estime à votre égard est très altérée.

↓

Sentiment

Culpabilité

- Vous vous en voulez de le décevoir.

Honte

- Vous ressentez une profonde gêne.

Dévalorisation de soi

- Vous vous sentez incapable de redresser la situation et craignez le pire pour la suite.

Pseudo-régulation

Inhibition

- Vous l'écoutez et hochez la tête sans prononcer grand-chose…

Repli sur soi

- Vous le laissez exprimer ce qu'il a à vous dire et baissez la tête.

Régulation émotionnelle

Consolation par le réel

- Vous lui faites part de votre intention d'améliorer la qualité de votre travail.

Consolation par le symbolique

- Vous lui exprimez votre difficulté actuelle, vos propres doutes et le besoin que vous auriez d'être guidé, aidé.

Consolation par le réel, le symbolique et l'imaginaire

- Vous expliquez à votre manager que le constat qu'il fait est correct et que vous avez l'intention d'améliorer les choses (réel), que cependant vous pourriez vous sentir dans la difficulté d'être à la hauteur des attentes et que cela pourrait vous peiner (symbolique) et qu'il serait sûrement possible de vous soutenir pour vous aider à passer ce cap difficile (imaginaire).

AU TRAVAIL

Votre collègue part déjeuner avec d'autres collègues et, en passant à côté de vous, vous ignore !

Cause

Perte

- Vous vous demandez ce que vous avez bien pu faire pour mériter ce genre d'attitude.
- Vous pensez que vous n'intéressez personne.

↓

Sentiment

Culpabilité

- Vous culpabilisez d'avoir peut-être eu une attitude qui est la cause de cette indifférence.

Honte

- Vous avez le sentiment d'être transparent et sans aucun intérêt et avez envie de vous cacher.

Dévalorisation de soi

- Vous croyez que c'est au fond logique qu'on ne vous accorde aucune attention.

Pseudo-régulation

Inhibition

- Vous ne réagissez pas et ne faites aucun commentaire.

Repli sur soi

- Vous restez isolé et faites en sorte de passer inaperçu.

Retrait social

- Vous vous organisez pour ne pas avoir à vivre à nouveau ce genre de situation et partez désormais avant tout le monde.

Régulation émotionnelle

Consolation par le réel, le symbolique et l'imaginaire

- Vous parlez à votre collègue des faits, de leur départ sans vous solliciter pour se joindre à eux (réel), que cela pourrait vous laisser penser que votre présence pourrait ne pas être souhaitée et que si c'était le cas vous seriez affecté (symbolique) et que vous vous demandez comment ne pas être à nouveau confronté à cela (imaginaire).

AU TRAVAIL

Un projet important au sein de l'entreprise devait vous être proposé et vous apprenez par des bruits de couloir que c'est un autre de vos collègues qui en hérite !

Cause

Perte

- Vous vous demandez s'il y a quelque chose que vous avez fait ou dit qui a été à l'origine de cette décision qui vous impose de renoncer à un projet motivant.
- Vous perdez confiance en ceux qui vous avaient laissé entendre la faisabilité de ce projet.

↓

Sentiment

Culpabilité

- Vous vous en voulez d'avoir eu confiance.

Honte

- Vous ne dites rien et faites comme si rien d'anormal n'avait eu lieu.

Dévalorisation de soi

- Vous pensez au fond que ce n'est pas surprenant et vous vous étonnez même d'y avoir cru !

Pseudo-régulation

Inhibition

- Vous ne demandez aucune explication à quiconque en vous disant que ça ne servirait à rien…

Repli sur soi

- Vous commencez à vous isoler de plus en plus.

Retrait social

- Vous évitez les tâches qui impliquent de travailler en groupe, le regard des autres devenant de plus en plus difficile à supporter.

Régulation émotionnelle

Consolation par le réel

- Vous allez à la rencontre du décideur et lui dites ce que vous avez entendu, afin d'obtenir une explication concrète.
- Vous en parlez à un collègue et lui demandez conseil.

Consolation par le symbolique

- Vous exprimez à votre interlocuteur, décideur sur le projet, votre déception et lui demandez si la rumeur pourrait être effectivement fondée en lui indiquant que vous auriez besoin d'explications pour essayer de dépasser cette déception.

EN FAMILLE OU EN AMOUR

Vous avez le sentiment de faire des sacrifices que personne ne voit.

Cause

Perte

- Vous perdez votre estime personnelle.
- Vous souffrez du manque d'attention de la part des autres.
- Vous n'avez aucun retour sur ce que vous faites, comme si vous n'existiez pas.

↓

Sentiment

Culpabilité

- Vous vous sentez coupable d'en faire beaucoup trop, sans réussir à fonctionner autrement.

Dévalorisation de soi

- Vous avez l'impression qu'on vous délaisse.

Victimisation

- Vous avez le sentiment que votre entourage abuse de vous.

↓

Pseudo-régulation

Inhibition

- Vous faites comme si de rien n'était.

Repli sur soi

- Vous vous isolez de plus en plus.

Agressivité

- Vous faites des reproches permanents en dénonçant ce qui ne va pas et culpabilisez votre entourage.

↓

Régulation émotionnelle

Consolation par le réel

- Vous attendez qu'on vous le demande avant de faire les choses.
- Vous osez exprimer votre mal-être et demandez de l'aide.

Consolation par le symbolique

- Vous arrêtez d'en faire trop et demandez à votre entourage s'il se rend compte de ce que vous pourriez ressentir.

EN FAMILLE

Vous remarquez que vos enfants ne se soucient pas de vous et ne vous demandent jamais comment vous allez !

Cause

Perte

- Vous manquez d'attention et le vivez mal.
- Vous souffrez de l'indifférence apparente de ceux que vous aimez.

↓

Sentiment

Culpabilité

- Vous vous dites que c'est de votre faute car vous n'avez jamais fait autrement...

Dévalorisation de soi

- Vous avez le sentiment de ne pas être intéressant pour générer ce comportement chez vos propres enfants.

Victimisation

- Vous méritez bien ce qui vous arrive et rien ne sert de se plaindre, c'est trop tard pour changer les choses.

Pseudo-régulation

Inhibition

- Vous vivez votre chagrin en silence.

Repli sur soi

- Vous essayez de vous épargner les déceptions en ignorant de plus en plus votre entourage.

Agressivité

- Vous vous plaignez de votre vie et faites à coup d'allusions des critiques sur le destin qui est le vôtre.

Régulation émotionnelle

Consolation par le réel, le symbolique et l'imaginaire

- Vous décidez de parler à vos enfants, et citez des faits qui témoignent de l'absence de question sur la façon dont vous allez (réel), que cela pourrait vous laisser penser que votre cas n'intéresse personne et que si c'était le cas vous en seriez très triste (symbolique), et que vous vous demandez comment faire pour ne pas avoir cette impression (imaginaire).

EN FAMILLE

Votre sœur ne vous a pas appelé depuis de longues semaines et vous la croisez chez un ami commun.

Cause

Perte

- Le lien familial se distend jusqu'à disparaître.

↓

Sentiment

Culpabilité

- Vous avez la conviction que c'est de votre faute si ça se passe ainsi !

Dévalorisation de soi

- Vous vous dites que dans la famille vous n'êtes probablement pas celui que tout le monde recherche…

Victimisation

- Vous avez l'impression que toute la famille vous en veut…

Pseudo-régulation

Inhibition

- Vous ne dites rien à votre sœur en pensant qu'elle va bien faire allusion à ce silence qui commence à dater entre vous.

Retrait social

- Vous trouvez un argument qui vous permet de vous retirer de façon honorable !

Agressivité

- Vous culpabilisez votre sœur que vous n'auriez autrement pas vue si vous n'aviez pas cet ami en commun…

Régulation émotionnelle

Consolation par le réel

- Vous posez la question à votre sœur pour savoir s'il y a quelque chose entre vous qui explique ce silence entre vous deux.

Consolation par le réel, le symbolique et l'imaginaire

- Vous racontez à votre sœur que cette rencontre fortuite (réel), pourrait vous laisser croire qu'autrement vous ne vous seriez pas vus, que ça vous peinerait de voir vos liens se distendre (symbolique), et que vous seriez ravi de trouver un moyen de combler cela et que vous aimeriez savoir ce qu'elle en pense (imaginaire).

Votre enfant a un chagrin d'amour...

Cause

Perte

- De la relation amoureuse.
- D'estime et de confiance en soi.

Sentiment

Culpabilité

- Il a le sentiment de ne pas avoir su faire ce qu'il fallait pour garder l'être aimé.

Dévalorisation de soi

- Il pense qu'il ne sait pas aimer et n'est pas capable de construire une relation amoureuse durable.

Victimisation

- Il se persuade que l'être aimé finit toujours par nous trahir.

Pseudo-régulation

Repli sur soi

- Il s'isole et rumine sur ce qu'il aurait dû faire.
- Il ne tente plus de séduire quiconque pour éviter que ce genre de scénario ne se reproduise.

Retrait social

- Il fait en sorte de ne plus rencontrer de nouvelles personnes.

Agressivité

- Il considère des possibles partenaires comme n'étant pas sincères et abusant de sa gentillesse.

Régulation émotionnelle

Consolation par le réel

- Vous l'incitez à se changer les idées en sortant avec des amis.

Consolation par le symbolique

- Vous lui dites que vous l'aimez et qu'il a de la valeur pour vous.

Consolation par l'imaginaire

- Vous l'invitez à réfléchir à ce qu'il pourrait changer dans son comportement pour que cela ne se reproduise plus et à aller voir un professionnel si nécessaire.

EN AMOUR

Votre conjoint a des réactions qui vous laissent penser qu'il ne vous aime plus !

Cause

Perte

- Vous attendez des signes d'affection qui ne viennent plus...
- Vous êtes triste à l'idée de perdre l'amour de votre conjoint.

↓

Sentiment

Culpabilité

- Vous avez l'impression que vous êtes en grande partie la raison de cette évolution navrante...

Dévalorisation de soi

- Vous pensez que si on ne vous aime plus, ce n'est pas le fruit du hasard et qu'il y a de bonnes raisons pour que cela arrive !

Honte

- Vous ne savez pas quoi faire et préférez cacher cette réalité que l'exprimer aux yeux de tiers qui pourraient ironiser sur votre sort...

Pseudo-régulation

Inhibition

- Vous gardez pour vous ce que vous ressentez.

Repli sur soi

- Vous prenez peu à peu de la distance de façon à vous préparer à l'issue qui sera sans doute inéluctable.

Agressivité

- Vous déplorez cette situation lors de moments à deux et tous vos commentaires laissent à penser que ça devait forcément arriver un jour…

Régulation émotionnelle

Consolation par le réel, le symbolique et l'imaginaire

- Vous faites part des réactions que vous relevez comme des signes de prise de distance (réel), et dites que si votre analyse était pertinente vous pourriez le vivre comme une profonde déception (symbolique), et comme vous n'en êtes pas absolument certain, vous souhaiteriez avoir un retour sur ce ressenti qui est le vôtre et que seul votre conjoint peut confirmer ou pas (imaginaire).

Votre tentative de séduction, qui pourtant semblait bien partie, n'aboutit à rien !

Cause

Perte

- Vous perdez une belle occasion d'entamer une relation nouvelle, peut-être prometteuse.
- Vous vous sentez abandonné...

↓

Sentiment

Culpabilité

- Vous ressassez chaque moment de cette rencontre pour comprendre ce qui a échoué et qui relève de votre fait...

Dévalorisation de soi

- Vous avez l'impression que l'autre était de toute façon trop bien pour vous !

Victimisation

- Vous vous faites avoir à chaque fois et ne comprenez pas que les gens soient en fait aussi hypocrites...

Pseudo-régulation

Inhibition

- Vous le vivez avec un certain fatalisme.

Repli sur soi

- Vous vous dites qu'on ne vous reprendra plus à essayer quoi que ce soit en la matière, puisque ça finit aussi mal.

Agressivité

- Vous en voulez à la « terre entière » puisque vos bonnes intentions sont incomprises et que ça se retourne contre vous. Les autres sont tous des idiots...

Régulation émotionnelle

Consolation par le réel

- Vous vous dites que, si ça n'a pas marché cette fois, la prochaine sera peut-être la bonne.

Consolation par le symbolique

- Les critères de séduction sont très personnels et subjectifs. Vous avez à cœur de réfléchir avec des proches à la façon dont la séduction pourrait le mieux marcher...

Consolation par l'imaginaire

- Et si le prince charmant ou la princesse charmante existait bien mais que vous ne l'aviez pas encore rencontré(e)...

EN AMOUR

Votre conjoint achète des cadeaux à des proches et se rend compte qu'il vous a oublié. Ses explications sont douteuses !

Cause

Perte

- Vous vous sentez oublié et la perte d'attention qui en découle est vexante.

↓

Sentiment

Culpabilité

- Vous vous en voulez d'attendre des signes d'affection au travers de preuves matérielles alors que l'amour c'est de l'immatériel...

Dévalorisation de soi

- Vous avez l'impression qu'on ne peut faire des cadeaux qu'à des gens qui les méritent...

Victimisation

- Vous vous dites que tout le monde va remarquer que vous êtes seul à ne pas avoir de cadeaux et que ça va en faire bavarder plus d'un....

Pseudo-régulation

Inhibition

- Vous restez digne tout en étant profondément affecté, en faisant en sorte de ne rien laisser paraître…

Repli sur soi

- Vous gardez le silence et restez en retrait du groupe pour vous épargner toute allusion blessante.

Agressivité

- Vous faites des remarques cinglantes à votre conjoint, en public, ce qui crée une tension et une gêne dans l'assemblée.

Régulation émotionnelle

Consolation par le réel, le symbolique et l'imaginaire

- Vous profitez d'un moment de tête-à-tête avec votre conjoint pour lui rappeler ce qui vient de se passer, sans formuler de reproches, juste en énonçant les faits (réel), que vous pourriez le vivre de façon blessante si cela témoignait d'un changement au plan sentimental (symbolique) et que, ne pouvant faire que des hypothèses à ce stade, vous préférez entendre la réponse qui convient (imaginaire).

EN AMITIÉ

Cette soirée chez des amis est agréable, et pourtant, incapable de sortir de votre carapace, vous allez la terminer seul…

Cause

Perte

- Personne ne vous prête vraiment attention et vous perdez confiance en vous.

↓

Sentiment

Culpabilité

- Vous avez le sentiment de faire partie du décor et regrettez d'être venu.

Dévalorisation de soi

- Vous avez l'impression de ne rien avoir à dire d'intéressant.

Victimisation

- Vous vous dites que peu importe nos efforts, on reste transparent, dans un monde de plus en plus égocentrique.

Pseudo-régulation

Inhibition

- Vous restez dans votre coin sans faire un pas vers les autres.

Retrait social

- Vous décidez de partir puisque votre absence passera, de toute façon, inaperçue !

Agressivité

- Vous critiquez ouvertement la soirée, la musique, le style des gens, l'ambiance…

Régulation émotionnelle

Consolation par le réel

- Vous demandez à quelqu'un de proche de vous accompagner pour mieux vivre la soirée.

Consolation par le symbolique

- Vous osez aller vers les autres en vous efforçant de rester vous-même, et exprimez votre gêne si votre interlocuteur est attentif.

Consolation par l'imaginaire

- Vous décidez de vous faire accompagner par un professionnel, coach ou thérapeute, pour vous débarrasser de ce frein et pouvoir, dans quelque temps, retourner à des soirées comme celle-ci.

Une de vos connaissances considère que quoiqu'elle fasse, rien ne changera dans sa vie.

Cause

Perte

- De sa confiance en elle.
- De repères : elle se sent dans une sorte d'impasse.

↓

Sentiment

Dévalorisation de soi

- Elle a le sentiment de ne pas savoir s'y prendre pour réussir.
- Elle dit ne pas mériter d'être heureuse.

Honte

- Elle croit devoir se cacher.

Pseudo-régulation

Inhibition

- Elle n'en parle à personne.

Retrait social

- Elle reste à l'écart des autres et ne fait rien pour se montrer en public.

Régulation

Consolation par le réel

- Vous lui demandez si vous pouvez lui apporter vos conseils sur les points pour lesquels elle se sent démunie.
- Vous provoquez une rencontre et lui montrez que vous êtes disponible pour l'aider.

Consolation par le symbolique

- Vous lui dites que vous lui êtes attaché et l'invitez à réfléchir sur ce que tout ce fatalisme peut représenter et l'orientez vers un professionnel, psychologue ou thérapeute.

NOTES PERSONNELLES

NOTES PERSONNELLES

S'ENTRAÎNER

Consignes pour compléter votre propre circuit émotionnel

Voici une fiche protocole que vous pouvez photocopier et remplir aussi souvent que nécessaire. Si vous avez du mal à le faire seul, faites-le avec quelqu'un de confiance qui vous connaît bien.

Commencez par identifier votre « **état d'esprit** » en fonction de la situation que vous avez vécue ou que vous vous apprêtez à vivre. Si par exemple vous êtes déçu par un proche qui n'a pas tenu parole, que vous ne savez pas comment lui dire et appréhendez votre prochaine rencontre, écrivez : « J'ai peur de retrouver [Prénom] suite à ce qui s'est passé ».

La « **cause** » concerne des événements ou faits qui se sont ou qui pourraient se dérouler. Par exemple, ici, vous pouvez entourer « perte » et noter « être trahi par un proche ». Il se peut selon les cas que la perte (ici la loyauté) soit bien réelle ou le fruit possible de votre interprétation. Peu importe, notez-le.

En dessous, résumez les « **sentiments** » qui sont les vôtres et écrivez ce que vous éprouvez intérieurement et qui ne concerne que vous. Par exemple : « Je me sens humilié… » ou « j'ai le sentiment qu'il m'a trahi ». S'il vous vient à l'esprit « je ne peux pas dire ce que je pense, sinon ça pourrait empirer les choses », vous conviendrez ici qu'il ne s'agit pas de tristesse, mais de peur, celle d'être maladroit dans votre communication.

Pour la « **pseudo-régulation** », imaginez quelle pourrait être votre attitude naturelle. Inhibition ? Culpabilité ? Autre chose ? Complétez en écrivant ce que vous pourriez faire ou dire et repérez à quel genre elle appartient. Par exemple, une belle réponse émotionnelle de culpabilité serait : « Je ne sais pas comment je me débrouille pour me retrouver dans ce genre de situations… »

Enfin, dans la perspective d'une résolution possible, quelle solution pourriez-vous imaginer ? Notez-la sous « **régulation émotionnelle** ». Par exemple : « Je vais lui écrire par e-mail ce que j'ai ressenti et lui dire que ce qu'il vient de se passer m'a terriblement peiné et que j'aurais préféré ne pas vivre cela… » Vous êtes bien là en train de tenter une consolation. Plus votre message sera vertueux, c'est-à-dire sans agressivité ou tentative de culpabilisation de l'autre, et plus vous aurez de chance de préserver le lien avec l'autre.

Vous avez un doute ou peur que ça marche ? Osez tenter l'expérience pour vous rendre compte que ce cheminement n'est pas une vision idéalisée et que les bénéfices pour tout le monde sont bien réels !

État d'esprit :

Cause

Perte

Sentiment ressenti

Culpabilité / honte / dévalorisation de soi

Pseudo-régulation ou comportement que vous pourriez être tenté d'avoir, mais qui ne serait pas très efficace…

Inhibition / repli sur soi / agressivité / retrait social

....

....

....

....

....

....

Régulation émotionnelle qui vous permettrait de sortir de la situation par le haut

Tentative de consolation par le réel / le symbolique / l'imaginaire

....

....

....

....

....

NOTES PERSONNELLES

NOTES PERSONNELLES

À L'ÉPREUVE DE LA TRISTESSE

La tristesse est l'une des émotions négatives capables du plus grand écart. Entre une simple déception et une douloureuse et profonde tristesse, il y a deux mondes ; celui du simple chagrin dont on se remet quasi instantanément, et celui d'une terrible souffrance qui altère quasiment tout espoir et nous laisse face au vide.

Mais vous avez la possibilité d'expérimenter des postures ou des réponses verbales ou comportementales qui seront souvent de nature à préserver la qualité des liens avec votre entourage et à améliorer votre capacité à faire face aux situations difficiles, pour vous aider à les dépasser de la moins pire des manières.

LA TRISTESSE NOUS ENVAHIT ET COLORE EN NOIR TOUT LE DÉCOR !

La tristesse se nourrit de notre sentiment de culpabilité. C'est le premier pas vers la tentation de se remettre en cause plus que nécessaire et de s'adjuger tous les défauts ! L'estime de soi est remisée au plus loin de notre conscience et les événements sont interprétés de façon à valider le postulat de notre inadéquation à être à sa juste place... Les belles choses peuvent alors paraître suspectes et l'heureux événement forcément annonciateur d'une potentielle et future catastrophe. On n'y croit plus et chaque jour qui passe devient une lutte. L'envie de capituler est parfois plus forte que l'envie de résister et c'est là que la solitude accélère l'apparition d'une possible dépression. Être aidé reste l'unique solution de sortir de ce très mauvais temps psychologique...

LA TRISTESSE ET SES DÉCLENCHEURS...

La tristesse, nous l'avons vu, est causée par une perte, qu'elle soit réelle (un objet offert en cadeau) et/ou symbolique (un licenciement peut être avant tout une perte statutaire). Lorsqu'une blessure ancienne est mal cicatrisée, toute perte même – mineure – provoque un effet surdimensionné ! S'il vous arrive d'être excessivement affecté par une « perte » bénigne, c'est qu'elle se fait l'écho d'une trace encore douloureuse. Et si vous partiez à la recherche de cette blessure « inconnue » ?

ÊTRE TRISTE, CE N'EST PAS UNE QUESTION D'AVOIR TORT OU RAISON !

Il ne s'agit pas ici d'opposer raison et émotion, mais de construire un pont entre les deux ! D'aucuns ne pourraient vous affirmer que vous avez tort de vous mettre dans ces états de chagrin ! Ça ne pourrait qu'ajouter une couche supplémentaire de culpabilité à celle déjà probablement existante…

Votre tristesse, qu'elle soit logique, légitime, justifiée ou pas, ne dépend que de vos propres seuils de sensibilité, et sur ce plan nous sommes tous différents ! Si vous ne comprenez pas la tristesse des autres, ne jugez pas leurs ressentis et accueillez-les ! Cela ne veut pas dire que vous les cautionnez, mais que vous êtes capable de les prendre en compte et de respecter l'autre dans sa singularité. La tristesse nous confronte aux souffrances les plus intimes et il n'y a rien de plus légitime que de vouloir se protéger en faisant la sourde oreille et en répondant par exemple : « Oh ce n'est pas si grave ! Il y a eu pire… »

TOUTE TRISTESSE PROFONDE ET LOINTAINE SE NOURRIT D'UNE DIMENSION SYMBOLIQUE.

Être affecté en raison d'un cadeau égaré n'a sans doute pas la même valeur que la tristesse corrélée au sentiment d'abandon ! La première est strictement contextuelle alors que la seconde est intime.

Notre tristesse intime est rattachée à une peur ou une colère d'origine symbolique. Elle traduit un vécu ou un souvenir interprété de façon symbolique. Cette dimension symbolique constitue ici une manière de donner du sens à un événement ou une succession d'événements, sens qui n'a pas été nommé comme tel à l'origine et qui sera élaboré ultérieurement par analogie de façon à le rendre acceptable. Le déni devient alors très souvent le gardien terriblement efficace contre cette souffrance. Le déni veille à éviter toute nouvelle confrontation à l'histoire originelle... Quelqu'un dans le déni est capable de se protéger contre ses blessures les plus anciennes de façon puissante, et c'est le plus souvent salvateur !

LA TRISTESSE PEUT POUSSER L'ENTOURAGE À SE LASSER !

La tristesse est dure à vivre, pour celui qui est concerné comme pour l'entourage... À la bienveillance initiale peuvent se succéder l'impatience et l'irritabilité. L'entourage est d'abord compréhensif, puis peu à peu un sentiment de lassitude peut survenir. L'entourage peut parfois ne pas parvenir à s'empêcher de se dire : « Ce n'est au fond qu'une question de volonté que d'aller bien. Un bon « coup de pied » dans l'arrière-train pourrait peut-être faire beaucoup de bien... » Mais rien n'y change et l'envie de laisser tomber peut émerger : « Tant pis si c'est cela qu'il veut... Après tout c'est lui que ça concerne ! » Une ambivalence peut naître à l'égard de celui qui est déprimé. Tantôt l'entourage est ragaillardi, tantôt dépité… Seul un lien d'affection réel peut permettre de dépasser cette ambivalence et faire que l'entourage soit bienveillant dans la durée.

LA TRISTESSE PEUT ÊTRE DESTRUCTRICE !

La tristesse est l'émotion la plus ravageuse… Le sentiment d'inutilité peut devenir dominant et l'impression d'être un fardeau se fait jour.

Les signaux faibles sont à prendre au sérieux ! Isolement, retrait des activités sociales, tentation de se critiquer en présence d'autrui, pleurs non maîtrisés, perméabilité forte aux avis d'autrui, incapacité à se projeter dans un futur réjouissant, sentiment de difficulté accru face à des actes du quotidien, renoncements nombreux, histoires sentimentales dont le schéma de rupture se répète, etc.

Il est de la responsabilité de l'entourage « d'inviter » la personne qui souffre à s'occuper d'elle et à accepter l'aide d'un thérapeute, psychologue ou psychiatre. Le psychiatre est le seul à pouvoir compléter le tableau de soin par la prise de médicaments adaptés, antidépresseurs et anxiolytiques.

NOTES PERSONNELLES

NOTES PERSONNELLES

CONCLUSION

ET SI, AU LIEU D'IMPOSER NOTRE TRISTESSE AUX AUTRES, NOUS POUVIONS NOUS EN SERVIR COMME UNE RESSOURCE OU TOUT AU MOINS EN RÉDUIRE L'IMPACT POTENTIELLEMENT TRÈS NÉGATIF ?

Nous repérons facilement chez nous ou chez les autres des réactions excessives, fruits de processus émotionnels déficients. Parfois, elles se produisent malgré notre volonté de les voir disparaître.

Reconnaissez-vous un des comportements suivants ?

- Réagir avec un fatalisme et un pessimisme inégalables.
- Se renfermer sur soi en considérant que votre avis est de toute façon inintéressant.
- Se reprocher de se laisser envahir par cette grisaille intérieure qui annihile vos efforts de la veille…

- Dire « non » parce que vous ne croyez pas en vous, sans oser l'avouer.
- Débuter sa phrase par : « de toute façon, ça ne sert à rien… ».
- S'infliger des douleurs physiques et/ou morales comme pour se punir à l'avance de ne pas être celui qui sera à la hauteur…

Chacun de ces comportements est le fruit d'une tristesse mal gérée. Vous pouvez considérer que ce n'est pas une fatalité. Grâce à cet ouvrage sur la tristesse, vous avez l'opportunité de progresser personnellement et de permettre à ceux qui vous sont chers de vous aider, car c'est souvent d'eux que viennent les premiers pas d'une « guérison » aboutie.

Maintenant que vous êtes familiarisé avec la tristesse en tant qu'émotion, que vous savez repérer et nommer ce que vous ressentez, et que vous avez à votre disposition les idées claires pour exprimer les peines légères, les chagrins profonds et les doutes quant à la valeur que vous vous accordez, il s'agit d'oser faire part de votre ressenti avec humilité pour accepter de progresser.

En effet, il n'y a pas de pire disposition que de se replier sur soi en considérant que c'est inutile d'en parler ! Il y a forcément quelqu'un près de vous, un proche – ou peut-être même un inconnu – qui saurait vous écouter sans vous juger, surtout si lui-même a traversé des périodes délicates...

En synthèse, voici un rapide protocole vous permettant de faire face aux comportements peu vertueux dont vous pourriez être l'auteur et susceptibles d'être générés par la tristesse.

En premier lieu, repérez les situations ou les événements qui ont été source de ressentis désagréables associés à la tristesse : spleen, peines, chagrins, honte, mépris, humiliation, déshonneur, affront, vexation, malveillance, abus, etc.

Puis notez ce que vous avez ressenti de façon précise.

Rappelez-vous que si c'est bien la tristesse l'émotion concernée, c'est que vous avez à l'origine été confronté à l'équivalent d'une perte.

Identifiez ensuite les éventuels comportements de pseudo-régulation que vous avez mis ou que vous pourriez mettre en œuvre le cas échéant, au lieu des solutions de régulation émotionnelle.

Repérez dans la liste des mécanismes de pseudo-régulation ceux auxquels vous pourriez avoir recours. Pour la tristesse, il peut s'agir de culpabilité (se sentir nul !), de honte (se cacher des autres), de dévalorisation de soi (se critiquer devant autrui en insistant sur ses insuffisances) ou de victimisation (en arriver à penser que ce n'est qu'à vous que ce genre de choses peut arriver...).

Posez-vous la question : comment parvenir à une régulation émotionnelle ?

À ce stade, la tristesse plus que toute autre émotion nous conduit à se dire que c'est trop tard... Mais c'est le meilleur moyen d'entretenir son incapacité à trouver une issue !

Dans le cas de la tristesse, vous savez qu'il faut obtenir une consolation qui a souvent valeur d'appel à l'aide.

Réfléchissez à ce que vous pourriez exprimer sans que les mots employés ne poussent l'autre à s'éloigner de vous.

Il est nécessaire d'impliquer un tiers (famille, ami, médecin,...) dans la régulation que vous recherchez. En effet, ce tiers peut se positionner comme une véritable ressource et vous aider à mieux appréhender la situation, et ainsi vous aider à passer un cap difficile.

La tristesse qui est passagère se règle naturellement, le plus souvent en en parlant à ses proches qui sauront vous soutenir, vous changer les idées et vous aider à élaborer de nouveaux projets. Cette tristesse se reconnaît par son caractère superficiel. En effet, elle n'altère pas votre envie de poursuivre ce que vous avez entamé, et avec le temps son souvenir finira par s'estomper de votre mémoire.

En revanche, plus sérieuse est la tristesse qui assombrit l'horizon !

Tout devient plus grave, plus dramatique et un entourage dans le déni face à ce chagrin profond peut vite être vécu comme incompréhensif et malveillant.

Cette tristesse impose d'être prise au sérieux, sans la minimiser ni la rendre tragique. Elle est le fruit d'une histoire construite sur des événements qui ont valeur de chocs émotionnels qui n'ont pas pu être élaborés. Il en résulte une blessure, douloureuse, parfois vive, qui altère notre capacité de jugement sur les ressources à notre disposition pour y faire face.

Une tristesse ancrée dans le présent témoigne d'inquiétudes et/ou d'injustices vécues ou parfois seulement ressenties qui n'ont pas trouvé de voie de régulation possible dans votre histoire de vie. Des blessures profondes (abus sexuels, abus d'autorité, violences physiques, chantages affectifs, abandons...) sont souvent à l'origine de telles tristesses installées et qui tendent à gâcher le quotidien !

Une tristesse récurrente se nomme dépression et adopte parfois d'autres masques pour mieux se rendre supportable ; alcoolisme, comportements sexuels à risque, tentatives de suicide, troubles des conduites alimentaires, comportements d'autodestruction pour une cause idéologique…

L'adolescent confronté aux tumultes affectifs et sociaux parfois complexes à gérer est capable de laisser aux sentiments dépressifs le soin de s'installer. Mais ces « petits » épisodes dépressifs ne conditionnent en rien une future dépression chronique.

La tristesse en tant qu'émotion est normale, légitime, et forcément source d'une embellie émotionnelle ultérieure.

La tristesse en tant qu'émotion ne devient cause de souffrance qu'à la condition qu'une blessure profonde soit enracinée dans l'histoire du sujet. La fatalité serait pourtant de croire que l'on ne peut rien y faire ! Seul, quiconque serait évidemment découragé. Mais entouré, l'espoir existe bel et bien. Sachez exploiter l'assistance qui pourrait vous être proposée. Si vous en avez besoin, vous plus que quiconque le savez !

Et si votre tristesse devenait un peu moins votre meilleure ennemie…

NOTES PERSONNELLES

NOTES PERSONNELLES

L'auteur

Robert Zuili est psychologue clinicien diplômé, coach d'entreprise et auteur d'ouvrages sur ses différents domaines d'activité, dont *Les Clés de nos émotions* et *Comprendre les émotions de nos enfants* aux éditions Mango.

Dans le cadre de démarches de prévention sur la Qualité de Vie au Travail, il a créé en 2011 un outil de mesure des niveaux de bien-être et/ou de souffrance des salariés, basé sur les mécanismes émotionnels régulateurs ou non du bien-être. Il considère que l'émotion est au cœur de la relation et joue un rôle clé, trop souvent méconnu, dans notre aptitude au bonheur.

Professeur en École de commerce, intervenant régulier sur les ondes de RMC, il intervient dans les organisations en tant que restaurateur du lien social.

Dans la même collection

Direction éditoriale : Guillaume Pô, Tatiana Delesalle
Édition : Julie Cot
Direction artistique : Julie Mathieu
Fabrication : Gwendoline da Rocha
Lecture-correction : Claire Fontanieu
Mise en pages : Catherine Le Troquier

15/27, rue Moussorgski
75895 Paris cedex 18
Dépôt légal : mars 2015
ISBN : 978-2-317-01700-1
MDS : 76476

Imprimé en Italie par Deaprinting
Achevé d'imprimer en mars 2015
Numéro d'édition : A15042